BANQUET

OFFERT

PAR LA SOCIÉTÉ

DES BIBLIOPHILES BRETONS

A M. ARTHUR DE LA BORDERIE

SON PRÉSIDENT

Nommé membre correspondant de l'Académie des Inscriptions et Belles-Lettres

NANTES

—

30 JANVIER 1884

BANQUET

DES BIBLIOPHILES BRETONS

BIBLIOPH: BRITANN:
PRO PATRIÆ LAUDE

BANQUET

OFFERT

PAR LA SOCIÉTÉ

DES BIBLIOPHILES BRETONS

A M. ARTHUR DE LA BORDERIE

SON PRÉSIDENT

Nommé membre correspondant de l'Académie des Inscriptions et Belles-Lettres

NANTES

—

30 JANVIER 1884

BANQUET

DES BIBLIOPHILES BRETONS

Le mercredi 30 janvier 1884, à sept heures du soir, les membres de la Société des Bibliophiles Bretons, désireux de célébrer la nomination à l'Institut de leur président, se sont réunis au grand restaurant Monnier, et ont offert un banquet à M. Arthur de la Borderie.

L'ordonnance du festin avait été confiée à MM. H. Lemeignen, vice-président, Olivier de Gourcuff, secrétaire, A. Perthuis, trésorier. Rien n'avait été négligé pour rendre la fête digne de l'éminent historien, de l'aimable causeur qui en était le roi. Le menu, imprimé par les soins de M. Émile Grimaud, était décoré de la marque typographique des Bibliophiles Bretons.

Les convives, au nombre de dix-huit, sont :

MM. Arthur de la Borderie, président, Eugène Boubée, Camille Dupuy, comte Régis de l'Estourbeillon, Olivier de Gourcuff, Émile Grimaud, Guibourd de Luzinais, Alfred Lallié, A. Laurant, Henri Lemeignen, vice-président, Raoul Le Quen d'Entremeuse, Anthime Menard, comte de Palys, Alex. Perthuis, Francis Rousselot, Dr Rupin, Hippolyte Thibeaud-Nicollière, marquis de Villoutreys.

Absents : MM. le général Émile Mellinet, vice-président de la Société, Joseph Rousse, docteur Alphonse Mauricet, qui, indisposés ou retenus par leurs occupations, ont voulu néanmoins s'associer à la fête, en joignant leurs cotisations à celles des membres présents.

La place d'honneur du banquet est donnée à

M. Arthur de la Borderie; il a, à sa droite, M. Laurant, le charmant et alerte doyen de cette réunion; à sa gauche, M. Guibourd de Luzinais. Vis-à-vis de lui, M. H. Lemeignen, vice-président, est entouré de MM. Anthime Menard père et le marquis de Villoutreys.

Au dessert, M. Henri Lemeignen prend la parole, et, s'adressant à M. Arthur de la Borderie, lui dit:

« Monsieur le Président,

« Lorsque, il y a sept ans, nous fondions ensemble notre chère Société des Bibliophiles Bretons, vous n'étiez assurément un étranger, un inconnu pour personne. Tous nous connaissions votre science profonde, votre saint amour pour notre grande et fière Bretagne; mais quelques-uns n'avaient jamais eu la bonne fortune de serrer votre main, d'apprécier votre noble et loyal caractère. — Depuis ce jour, nous avons, dans un commerce aimable et incessant, appris à connaître tous les trésors de votre intelligence et de votre cœur. Aussi, grande a été notre joie, à la nouvelle de la flatteuse distinction qui vous était décernée. C'était non seulement le président de notre Société (grand honneur pour elle cependant !), c'était, permettez-moi de vous le dire, c'était notre ami à tous qu'on appelait à l'honneur; et la fête d'aujourd'hui, croyez-le bien, cher Président, si c'est un peu pour nous la fête de l'amour-propre satisfait (on est toujours fier d'avoir à sa tête un *membre de l'Institut*), est aussi et par-dessus tout la fête du cœur.

« Je bois à la Bretagne, dont vous êtes l'un des plus vaillants fils !

« Je bois à la santé de notre cher Président, membre correspondant de l'Institut de France! »

Ce toast est vivement applaudi. Très touché, M. de la Borderie répond :

« Mon cher vice-président,

« Mes chers confrères,

« Aux paroles si amicales, mais bien trop flatteuses, que vient de m'adresser M. Lemeignen, n'attendez point que je réponde par un discours.

« Je ne sais pas faire de discours, je ne suis point orateur, et — que notre cher vice-président me permette de le lui dire — il a absolument négligé un procédé essentiel, indispensable pour me permettre de répondre convenablement à son allocution.

« M. Lemeignen a parlé d'académie. Or, vous le savez, Messieurs, dans toutes les académies, petites et grandes, toutes les fois que deux membres doivent s'adresser et se répondre des discours, il s'établit entre eux un concert préalable, qui permet de donner à cette cérémonie oratoire toute l'éloquence, toute l'ampleur, toute la solennité symétrique dont elle est susceptible.

« Celui qui doit parler le premier communique longtemps d'avance son allocution à celui qui doit répondre. Ce dernier fait ses observations, on s'accorde, le second orateur prend tout son temps pour répondre bien et juste : en sorte que les questions et les réponses s'enchaînent dans un ordre parfait qui charme l'auditoire.

« Ici rien de semblable.

« Je vous prie de croire, mes chers confrères, que M. Lemeignen s'était bien gardé de me communiquer son allocution : il savait bien, s'il l'eût fait, que je n'aurais pu, pour une grande partie, en admettre les termes.

« Donc, bien qu'il parte d'une main amie, ce coup — je veux dire ce toast — est une sorte de guet-apens.

« Il me prend à l'improviste. Permettez-moi de me borner à deux mots de réponse.

« En ce qui touche la distinction dont l'Institut a bien voulu m'honorer, dans ma conviction profonde, elle a été accordée bien moins à mes travaux personnels qu'à mes efforts prolongés, persévérants, pour promouvoir, dans notre province, les travaux tendant à mettre en lumière la gloire historique, archéologique, littéraire, de notre chère Bretagne. — Parmi ces travaux, ceux de notre Société (laissez-moi le dire, Messieurs) sont au premier rang ; cette distinction qui m'est accordée, c'est donc à vous, chers confrères, et à notre chère Société qu'en revient avant tout le mérite. Et ce qui me la rend chère surtout cette distinction, c'est la manifestation des sympathies si cordiales, si amicales, dont elle est l'occasion aujourd'hui.

« Dans les paroles de M. Lemeignen il y a une part — la part de l'éloge — que je ne saurais accepter.

« Dans ces paroles, et dans tous les témoignages dont vous me comblez, il y a une autre part que j'accepte tout entière, mes chers confrères, et que je rends avec usure: la cordialité parfaite, l'affection franche, vive, vraiment bretonne !

« Buvons donc, Messieurs,

« A la Bretagne !

« A notre chère Société des Bibliophiles Bretons !

« A nos excellents vice-présidents, M. Lemeignen et (n'oublions pas les absents, surtout les absents involontaires) à notre fidèle et loyal confrère, ouvrier de la première heure, dont le nom glorieux est l'honneur de notre compagnie, le vaillant général Mellinet ! »

M. Olivier de Gourcuff, qui s'était chargé de dépouiller la correspondance relative au banquet, dit que des témoignages de sympathie, à l'adresse de M. de la Borderie, lui sont arrivés de toutes parts, et que jamais nomination dans un corps savant n'a été aussi chaleureusement, aussi unanimement fêtée. Puis il récite une ballade d'un confrère, non sans réclamer la bienveillante indulgence de son auditoire, et pour un genre un peu vieilli, et pour un poète très novice :

BALLADE LA BORDERIE

AUX BIBLIOPHILES BRETONS

Narguez-vous les sottes gazettes,
A l'eau préférez-vous le vin,
Et l'histoire aux historiettes ?
Lors, relisez, soir et matin,
Notre breton Bénédictin,
Ennemi de la hâblerie ;
Et ne le croyez pas hautain :
En tout temps, *qui l'aborde rie.*

Ne débitant pas de sornettes,
Il va droit au but, et sa main
Renverse les marionnettes
Des légendes à leur déclin.
Sur le vieux sol armoricain
Il ne faut pas qu'on le défie ;
Et jamais ignorant badin
Ne dira : *Qui l'aborde rie.*

Il emprunte aux anachorètes,
Grands éplucheurs de parchemin,
Leurs plus érudites recettes ;
C'est Dom Lobineau... plus mondain.
Mais son esprit n'est pas lambin,
Et les gens de l'Académie,
Voyant ce savant très malin,
Se diront : *Qui l'aborde rie.*

Envoi

Messieurs, il est en ce festin
Toute une docte confrérie,

Qui parle breton ou latin;
Mais il n'est qu'un La Borderie.

Cette ballade a été accueillie avec une faveur marquée, qui a encouragé M. Olivier de Gourcuff à s'en avouer l'auteur.

M. Émile Grimaud se lève ensuite, et, dans un toast poétique, vivement applaudi, il salue le succès si mérité de son savant ami:

UN BRETON

A MON AMI ARTHUR DE LA BORDERIE

Parler franc, si je ne m'abuse,
D'un Vendéen est l'attribut.
Voilà pourquoi, sans plus d'excuse,
Je lance un blâme... à l'Institut!

Cet honneur qu'il vient de vous rendre,
Dix fois vous l'aviez mérité:

Lorsqu'*au choix* il devait vous prendre,
Vous passez *à l'ancienneté !*

En cet illustre aréopage
Vous siègeriez depuis vingt ans,
S'il n'était vrai, le vieil adage:
Ils ont toujours tort, les absents.

Du-moins, la petite patrie,
Dont à vos lèvres il faut l'air,
Se pare de LA BORDERIE,
Comme d'un fils dont on est fier.

Quel amour vous avez pour elle !
Vous êtes sien — cœur, tête et bras —
Vous, l'observateur si fidèle
De la loi :... *Mère honoreras !*

Oh! oui, la Bretagne sacrée,
La terre où règne Jésus-Christ,
Combien vous l'avez honorée
Par le don de tout votre esprit!

Vous êtes l'HISTOIRE faite homme ;
Vous ravivez les temps éteints ;
Vous méritez que l'on vous nomme
L'héritier des Bénédictins...

Pardonnez, ami, je m'arrête :
A votre embarras je le sens,
Vous trouvez ma muse indiscrète
Et trop libérale... d'encens.

Nous vous trouvons, nous, trop modeste ;
Pour nous voici la vérité :
Vos savants travaux, tout l'atteste,
Iront à la postérité.

Hautement ici je proclame
Ce que les Bretons pensent tous :
Dans son esprit et dans son âme,
Qui donc est plus Breton que vous ?

Après le dîner, les convives, réunis dans un salon voisin, échangent de gais propos, ébauchent des projets qui intéressent l'avenir de leur chère Société. Ils ne se séparent qu'à une heure avancée, emportant le meilleur souvenir d'une fête qui a créé ou resserré entre eux des liens de sympathie, et qui a été un hommage au savant dont ils sont fiers, sous les dehors de la plus touchante confraternité.

Il n'y a pas de bonne fête sans lendemain. Le 31 janvier, M. Alcide Leroux, qui n'avait pu assister au banquet de la veille, trouvait l'occasion de lire à M. de la Borderie une pièce de vers qui a sa place marquée ici :

A M. A. DE LA BORDERIE

MEMBRE CORRESPONDANT DE L'INSTITUT

La Bretagne vivait au milieu de sa gloire,
Fière de son passé, fidèle à ses serments

Notre siècle avait beau lacérer son histoire,
Attaquer sa croyance et ses vieux monuments;
Comme un nocher qui va, lorsque le jour décline,
S'asseoir tout anxieux auprès du gouvernail,
Quand l'équipage chante et maudit le travail,
Elle marchait, les yeux fixés sur son hermine.
Et tandis qu'on ouvrait des chemins indiscrets,
Parmi ses bois sacrés et ses vertes campagnes,
Qu'on déchirait le flanc de ses chères montagnes,
Chaque jour dévoilait de glorieux secrets ;
Et la terre, elle-même, outragée et surprise,
Mais contrainte à parler, racontait à la brise,
Aux passants, aux chercheurs, même aux indifférents
Les exploits des Bretons. Ici les blocs errants
Des dolmens renversés leur dévoilaient la cendre
Des héros que l'Armor vit les premiers descendre
Sur ces bords, et planter ces monstrueux menhirs
Qui couvrent tant de gloire et de vieux souvenirs.
Là, mais plus rarement, des murailles romaines
Rappelaient la défaite et le temps douloureux
Où les Celtes brisés fléchirent sous les chaînes
De César qui faillit échouer devant eux.

Partout des murs croulants, des donjons en ruines,
Dans le fond des ravins comme au flanc des collines,
Des boucliers perdus, et des glaives brisés
Proclamaient la bravoure et marquaient le passage
Des chevaliers sans peur, des preux du moyen âge,
Que leurs hauts faits sans nombre ont immortalisés.
Et ces riches amas d'armes et de médailles,
Ces trésors confondus de sublimes trouvailles,
Environnés d'égards, de soins respectueux,
S'en allaient enrichir nos villes, nos musées ;
Et, marchant à pas lents sur les dalles usées,
La foule venait voir et, d'un air curieux,
Disait : « Quels hommes forts c'étaient que nos aïeux ! »

Pourtant faut-il le dire? en face de ces pierres,
De ces haches de bronze et de silex taillé,
Devant ces murs vêtus de lourds festons de lierres
On ne savait qu'ouvrir un œil émerveillé.
Nul ne cherchait vraiment à soulever les voiles ;
Quand trop sombre est la nuit qui cache les étoiles
Et trop profond l'oubli qui couvre le passé,
On redit volontiers qu'à percer le nuage

On use vainement sa vie et son courage,
Que le trait est perdu quand il est effacé.
Et la Bretagne ainsi négligeait son histoire;
Les savants sommeillaient et chacun semblait croire
Qu'après les Dom Morice et les Dom Lobineau,
Personne ne pouvait ajouter à sa gloire,
Ni jeter sur son nom aucun éclat nouveau.
C'est alors que tu vins, plein d'ardeur, de jeunesse,
Enfant de ce pays, d'un regard inspiré
Sondant la profondeur de cette nuit épaisse,
Restituer au livre un feuillet déchiré.
Recueillant les débris de nos vieilles légendes,
Écoutant les échos des antiques chansons
Que les bergers encor répètent sur nos landes,
Tu tiras de l'oubli l'époque où les Bretons,
Chassés par l'oppresseur de la rude Angleterre,
Recherchant des climats et des jours plus heureux,
Vinrent peupler les bords fameux du Finistère
Et conquérir le sol qu'occupaient leurs aïeux.
Puis prenant ton essor vers de nouveaux rivages,
Explorant tous les points par le temps obscurcis,
Triant le vrai du faux, dans un style concis,

Tu traçais chaque jour de lumineuses pages.
Nul repli n'échappait à ton coup d'œil profond.
Comme un spectre de neige au soleil tombe et fond,
L'erreur au front baissé, l'erreur froide et timide,
Frissonnait et croulait quand ta robuste main
La touchait en passant et, d'un geste intrépide,
Dans la nuit et l'oubli la rejetait soudain.
Ce fut comme un signal ; bien d'autres sur ta trace
S'élancèrent joyeux, pleins d'ardeur et d'audace
Pour arracher aussi ses secrets au passé.
Plusieurs avec toi-même engagèrent la lutte ;
Imprudents, ils tombaient entraînant dans leur chute
Leur système tremblant, avec peine entassé.
Mais tu n'étais pas né pour semer la discorde :
Non, chacun se souvient du fraternel exorde
Où tu nous dévoilais ce grand et beau projet
De grouper en un corps ami de notre histoire,
Ami de la Bretagne et de sa vieille gloire,
Tous ceux que vers l'étude un goût sûr dirigeait.
Tu fis un grand appel au sein de ta province ;
L'appel ne fut pas vain, et chacun, noble ou prince,
Soldat ou magistrat, de la ville ou des champs,

Vint gaîment s'enrôler dans ce groupe tranquille,
Qui prit modestement nom de Bibliophile,
Exprimant par ce mot ses délicats penchants.
L'œuvre fait son chemin ; dans ce temps où tout sombre
Chaque jour de nos rangs voit s'élargir le nombre ;
Œuvre féconde et vaste où le but poursuivi
Est de former un tout de nos seules richesses,
De sauver tout ce que le temps n'a pas ravi,
Avec un esprit droit et des mains vengeresses
D'arracher à la guerre, aux flammes, à l'oubli
Un monde de secrets dans l'ombre enseveli.
Cette œuvre c'est la tienne, enfant de la Bretagne.
Né pour continuer le glorieux labeur
De nos vieux écrivains, n'as-tu pas leur ardeur?
Comme eux, aux jours passés, le succès t'accompagne.
A ta vaste science, à tes heureux travaux
Tout le corps des savants rendait naguère hommage.
C'est à nous aujourd'hui d'admirer ton ouvrage
Et de te souhaiter mille succès nouveaux.
Travaille pour l'Armor, complète son histoire
Ou plutôt refais-la, car il manque à sa gloire
D'avoir été connu comme tant de pays.

Ce sera ton honneur de l'avoir à lui-même
Révélé dans son jour ; on chante ce qu'on aime.
La Bretagne t'appelle ; à sa voix obéis.

Imp. Vincent FOREST et Émile GRIMAUD.

www.ingramcontent.com/pod-product-compliance
Ingram Content Group UK Ltd.
Pitfield, Milton Keynes, MK11 3LW, UK
UKHW022206190726
13855UKWH00004B/1646

9 782013 045582